Jana Steinmaier

Jetzt kann ich die VA!

Übungen systematisch
und differenziert

® Persen Verlag GmbH
Horneburg/Niederelbe

Gedruckt auf umweltbewusst gefertigtem, chlorfrei gebleichtem und alterungsbeständigem
Papier.

1. Auflage 2001
Nach der Neuregelung der deutschen Rechtschreibung
© Persen Verlag GmbH, Postfach 260, D-21637 Horneburg
Alle Rechte vorbehalten.

Illustrationen: Ingrid Hecht
Satz: media.design, Neumünster

ISBN 3-89358-**839**-6

INHALT

1   Einführung 5

2   Hinweise zum Aufbau der Textseiten 6

3   Schrift und Sprache weiterentwickeln

Übungs-schwerpunkt	Aufgaben	Text	S.
A, B, C	Schreibbuchstaben erkennen		7
F, P, I, r	Bild zur Geschichte malen Weiterschreiben der Geschichte	Paula reitet (20 Wörter) Paula reitet (22 W.)	8 9
E, P, R, T	Namenwörter (Nomen) finden Namenwörter (Nomen) finden und unsinnige Sätze schreiben	Was? (27 W.) Was? (36 W.)	10 11
E, e, R, r	Bild zur Geschichte malen Abenteuergeschichte schreiben	Ritter Edo Edelmann (42 W.) Ritter Edo Edelmann (60 W.)	12 13
B, b	Alle B/b finden B/b-Wörter aus einem Wörterverzeichnis/Wörterbuch aufschreiben	Billi bei Oma (37 W.) Billi bei Oma (56 W.)	14 15
D, F, f, t	Geschichte weiterschreiben Geschichte weiterschreiben	Der Drache und der Forscher (32 W.) Der Drache und der Forscher (47 W.)	16 17
H, t, ß	Lieblingsspiel aufschreiben Lieblingsspiel beschreiben	Himmel und Hölle (38 W.) Himmel und Hölle (60 W.)	18 19
S, s, sch	Eine erfundene Geschichte schreiben Eine erfundene Geschichte schreiben	Simon an der See (38 W.) Simon an der See (50 W.)	20 21
A, a, D, d, F, f, Z, z	Sätze ausdenken Sätze ausdenken	Acht Affen albern am Ast (22 W.) Acht Affen albern am Ast (33 W.)	22 23
E, F, I, M, N, O, R, S	Eine Wortspielerei ausdenken Eigene Wortspielereien ausdenken	Akrostichon Sommer (17 W.) Akrostichon Sommerferien (29 W.)	24 25
A, C, E, H, L, M, R, S, T, U	Ergänzungen zur „Traumschule" erfinden Ergänzungen zur „Traumschule" erfinden	Was es in der Traumschule gibt (18 W.) Was wir in der Traumschule machen (29 W.)	26 27
K, Sch, sch	Interessantes über Kamele herausfinden Interessantes über Kamele und andere Tiere herausfinden	Wüstenschiffe (40 W.) Wüstenschiffe (58 W.)	28 29
B, b, ch	Zusammengesetzte Wörter finden Über Lieblingsbücher schreiben	Billis Lieblingsbuch (38 W.) Billis Lieblingsbuch (43 W.)	30 31
J, j	Zusammengesetzte Namenwörter (Nomen) finden Zusammengesetzte Namenwörter (Nomen) und Wörter mit „Sonne" finden	Jans Sonnenblumen (31 W.) Jans Sonnenblumen (45 W.)	32 33
L, X, z	Fragen beantworten Fragen beantworten	Laras Familie (24 W.) Laras Familie (33 W.)	34 35
Qu, qu, x, Z, z	Einen Zauberspruch ausdenken Zaubersprüche ausdenken	In der Zauberschule (40 W.) In der Zauberschule (47 W.)	36 37
G, g	Informationen über Katzen sammeln Informationen über Katzen sammeln	Gabi und Gigi (37 W.) Gabi und Gigi (46 W.)	38 39
M, m	Wörter mit ch finden und Molch zeichnen Interessantes über Molche herausfinden	Molche im Teich (37 W.) Molche im Teich (46 W.)	40 41

Übungs-schwerpunkt	Aufgaben	Text	S.
V, v	„Verrückte" Sachen mit V/v erfinden	Violas Vater (32 W.)	42
	„Verrückte" Sachen mit V/v erfinden	Violas Vater und sein verrücktes Geschäft (47 W.)	43
O, o	Ungewöhnliche Namen ausdenken	Olli will kochen (36 W.)	44
	Ungewöhnliche Namen ausdenken	Olli will kochen (52 W.)	45
s	Wörter mit ss finden	Jessica und ihr Hase (34 W.)	46
	Wörter mit ss finden.	Jessica und ihr Hase (49 W.)	47
a, e, o	Wörter mit doppeltem Selbstlaut finden	Ein Tag am Meer (36 W.)	48
	Wörter mit doppeltem Selbstlaut finden und weitere Wörter aufschreiben	Ein Tag am Meer (45 W.)	49
Sp, sp, St, st	Wörter mit Sp/sp und St/st finden	Streit (39 W.)	50
	Wörter mit Sp/sp und St/st finden	Streit (57 W.)	51
I, i, O, o, P, p, Y, y	Unsinnige Sätze erfinden	Wunderliche Geschichten (30 W.)	52
	Unsinnige Sätze erfinden	Wunderliche Geschichten (38 W.)	53
N, n	Tuwörter (Verben) finden	Niklas telefoniert (39 W.)	54
	Tuwörter (Verben) finden und Grundform bilden	Niklas telefoniert mit Nina (45 W.)	55
W, w	Rätsel erraten und eigenes ausdenken	Wer ist das? (30 W.)	56
	Rätsel erraten und eigenes ausdenken	Wer ist das? (44 W.)	57
G, g, K, k	Über Erlebtes schreiben	Das Geschenk (33 W.)	58
	Von Haustieren erzählen	Das Geburtstagsgeschenk (44 W.)	59
U, u	Über spannende Bücher schreiben	Der Bücherwurm Uli (34 W.)	60
	Über spannende Bücher schreiben	Der Bücherwurm Uli (45 W.)	61
ei	Au-Geschichte erfinden	Kannst du die Geschichte	62
	Au-Geschichte erfinden	richtig schreiben? (35 W./46 W.)	63

4 Schrift und schriftliche Arbeiten gestalten

Aufgaben	Seite
In Tabellen schreiben	64/65
Texte übersichtlich anordnen/Übersichten anlegen	66/67
Texte verbessern	68/69
Schriftarten vergleichen	70
Schriftarten erproben	71
Mit Schrift gestalten	72/73
Aufkleber beschriften	74
Eine Einladung schreiben	75
In unterschiedlichen Lineaturen schreiben	76
Schrift beurteilen	77
Einen Briefumschlag beschriften	78
Eine Paketkarte beschriften	79
Eine Geheimschrift entschlüsseln	80

1 EINFÜHRUNG

Kinder erlernen die Schreibschrift

Das Erlernen und Üben der Schreibschrift gehört zu den grundlegenden Bereichen des Deutschunterrichts. Die Schreibfertigkeit der Kinder ist häufig schon gegen Ende des ersten Schuljahres so weit ausgeprägt, dass der „Sprung" von der Druckschrift zur Schreibschrift vollzogen werden kann.

Erfahrungsgemäß löst die Ankündigung, dass man nun mit dem Erlernen der Schreibschrift beginnen werde, wahren Jubel aus. Für Kinder ist es spannend und es erfüllt sie mit Stolz, wenn sich die eigene Schrift der Erwachsenenschrift angleicht. Interessiert und begeistert absolvieren sie vorbereitende Übungen, schreiben eifrig die Buchstaben der neuen Schrift und erobern so nach und nach neues Terrain.

Die Vorzüge der Schreibschrift – schnelleres Schreibtempo durch die Verbundenheit der Buchstaben, Ästhetik der Schrift, Ausdruck der eigenen Persönlichkeit – werden den Kindern schnell bewusst. Wichtig ist, dass als allgemeines Ziel immer die Entwicklung einer *leserlichen Handschrift* im Raum steht und nicht der Zwang zu einer „gestochenen Einheitsschrift".

Doch vielen Kindern gelingt der Übergang von der Druckschrift zur Schreibschrift nicht problemlos. Sie haben Schwierigkeiten, die oftmals unter Benutzung eines fibelgebundenen Schreiblehrgangs einzeln trainierten Buchstaben richtig und flüssig in sinnvoller Schrift miteinander zu verbinden. Wichtig ist es nun Übungsformen anzubieten, die Erfolg verschaffen, um die anfänglich große Motivation aufrechtzuerhalten oder zurückzubringen. Da bei der ausschließlichen Arbeit mit einem Schreiblehrgang nur unzureichende Übungsmöglichkeiten geboten werden, ergänzt das vorliegende Material sinnvoll den Unterricht. Durch das bewusste Üben der Schreibschrift anhand von ansprechenden, niveauvollen Texten werden Buchstaben- und Wortstrukturen immer stärker verinnerlicht und dadurch automatisiert.

Auf besondere Problemstellungen der Schreibschrift sollte immer wieder aufmerksam gemacht werden, damit sich die Kinder nichts falsch einprägen.

Didaktisch-methodische Hinweise

Der Hauptteil des vorliegenden Materials besteht aus Texten zum Abschreiben. Jeder Text ist in ähnlicher Form zweifach vorhanden. Differenziert wurde hinsichtlich
– der Textlänge,
– des Rechtschreibschwierigkeitsgrades und
– des inhaltlichen Niveaus.

Zu jedem Text gibt es zusätzliche Aufgabenstellungen, die meist differenziert nach Schwierigkeitsgrad formuliert sind.

Jedem Arbeitsblatt liegt derselbe Gedanke zugrunde: Je nach Situation wählen Lehrer oder Kinder eine Seite aus. Der Text dieser Seite soll ins Heft übertragen werden. Das Ziel liegt dabei in der Konzentration auf ein möglichst sorgfältiges und sauberes Abschreiben. Weniger wichtig ist die Länge des abgeschriebenen Textes. Langsamere Schüler sollten ausdrücklich dazu ermuntert werden, eher den kürzeren der beiden Texte zu wählen, diesen jedoch so sauber wie möglich ins Heft zu übertragen. Gerade schwächere Kinder mögen die Arbeit mit diesen Arbeitsblättern oft sehr, weil ihnen so dringend benötigte Erfolgserlebnisse verschafft werden.

Alle Texte existieren sowohl in Druckschrift als auch in Schreibschrift. Schüler, die noch große Unsicherheiten im Umgang mit der Schreibschrift aufweisen, sollten zum Abschreiben des Textes den unteren Abschnitt mit der Schreibschrift wählen. Dabei können sie anhand der Vorlage Schritt für Schritt mit der Schreibschrift vertrauter werden. Durch das Vorhandensein der Vorlage ist es auch für schwächere Schüler möglich, gute und damit motivierende Ergebnisse zu erreichen. Fehler können beim späteren nochmaligen Durchlesen selbst entdeckt und verbessert werden.

Für leistungsstärkere Schüler liegt der gleiche Text in Druckschrift vor. Die Kinder können dabei ihren Leistungsstand selbstständig erkennen, indem sie probieren, den Text ohne Schreibschriftvorlage zu verschriften. Anschließend sollte ebenfalls der Abschnitt mit der Schreibschrift zur Selbstkontrolle benutzt werden. Bei auftauchenden Unsicherheiten während des Schreibens sollten die Kinder auch im Schreibtext nachsehen dürfen.

Die meisten Kinder müssen sich noch sehr auf die Schreibschrift konzentrieren. Daher fällt das Abschreiben leichter, wenn die Vorlage direkt vor ihnen auf dem Tisch liegt. Das Abschreiben von der Tafel ermüdet besonders zu Beginn der Auseinandersetzung mit der Schreibschrift die Kinder, die sich noch zu sehr auf richtige Bewegungsabläufe konzentrieren müssen und sich daher weniger auf die inhaltliche Komponente einstellen können.

Das Schreibschriftmaterial ist in erster Linie für Klassen gedacht, denen die einzelnen Schreibschriftbuchstaben durch die Arbeit mit einem Schreiblehrgang schon bekannt sind. Hier bieten sich die Arbeitsblätter als den Prozess der Schreibsicherheit und -gewandtheit begleitendes und förderndes Übungsmaterial an. Ebenso finden sich Beispiele zur Textgestaltung, bei denen die Kinder sich bei der Gestaltung schriftlicher Arbeiten erproben können.

Das Schreibschriftmaterial eignet sich gut für den Einsatz im Wochenplan. Es bietet sich an, den Schülern selbst zu überlassen, mit welcher Seite sie in der betreffenden Woche arbeiten möchten. Kinder, die mit bestimmten Buchstaben noch Schwierigkeiten haben, können gezielt auf die entsprechenden Arbeitsblätter aufmerksam gemacht werden. Der Aufbau der Seiten sollte den Kindern zur besseren Orientierung erläutert werden.

Es empfiehlt sich mit den Kindern die Vereinbarung zu treffen, Arbeitsergebnisse mit dem aktuellen Datum zu versehen. So werden die Kinder schnell den persönlichen Fortschritt in der Ausgewogenheit ihrer Handschrift sowie der eigenen Schreibgeläufigkeit erkennen. Auch für die Lehrkraft sind dies Hinweise dafür, wie sich die Schrift der Schüler weiterentwickelt. Dabei können auch mögliche Schwachstellen, die der besonderen Förderung bedürfen, besser erkannt werden.

2 HINWEISE ZUM AUFBAU DER TEXTSEITEN

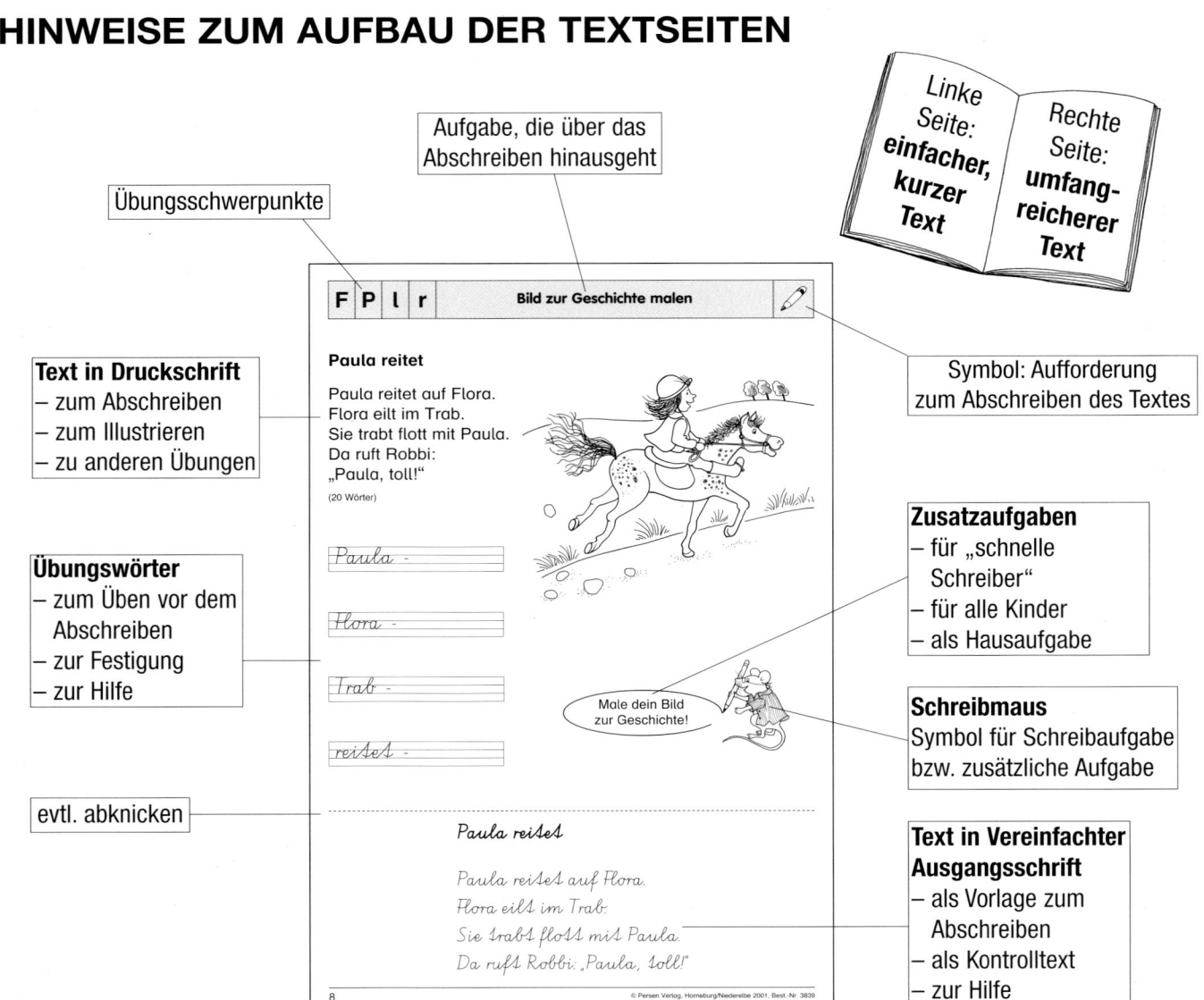

http://www.schreibschrift.de/

𝒜 Ü v 𝓜 M 𝒽 𝓵 u t w

B 𝓇 σ Z K m 𝒳 X

P 𝒱 Ü L G 𝓈 𝒥 O G f

C υ T v 𝒟 e 𝒜

q Ö

𝓆 P 𝒯 Q 𝒴

ℰ h 𝓇 R J

𝒻 u N

O g h 𝓇 𝒮 𝔷

d n 𝒷 𝓎

𝒲 S F N A Y s

In den Computer hat sich ein Fehler eingeschlichen:
Lauter Druckbuchstaben sind unter die Schreibschriftbuchstaben gemogelt worden.
Erkennst du deine Schreibschrift? Kreise die Buchstaben ein!

Schreibe sie nach dem Alphabet geordnet auf!
Welche Buchstaben hat der Computer vergessen?

𝒜 a, B

Paula reitet

Paula reitet auf Flora.
Flora eilt im Trab.
Sie trabt flott mit Paula.
Da ruft Robbi:
„Paula, toll!"

(20 Wörter)

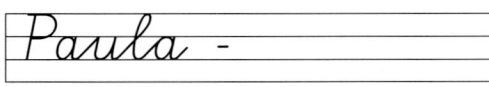

Paula -

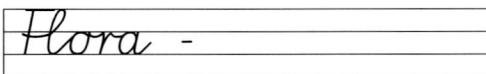

Flora -

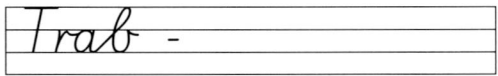

Trab -

reitet -

Male dein Bild zur Geschichte!

Paula reitet

Paula reitet auf Flora.
Flora eilt im Trab.
Sie trabt flott mit Paula.
Da ruft Robbi: „Paula, toll!"

Paula reitet

Paula reitet auf dem
braunen Pferd Flora.
Flora trabt mit Paula
drei Runden.
Da ruft Paulas Freund
Robbi: „Paula, toll!"

(22 Wörter)

Wie geht die
Geschichte weiter?

Paula reitet

Paula reitet auf dem braunen Pferd Flora.

Flora trabt mit Paula drei Runden.

Da ruft Paulas Freund Robbi:

„Paula, toll!"

Was?

Eine Eule turnt auf dem Roller.
Der Pudel malt an der Tafel.
Die Taube badet im Eimer.
Erna tollt mit einem Puma.
Tom leimt eine Torte.

(27 Wörter)

Eule -

Roller -

tollen -

Torte -

Kreise alle Namenwörter
(Nomen) ein!
Wie viele sind es?

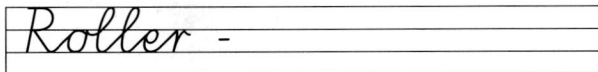

Eine Eule turnt auf dem Roller.
Der Pudel malt an der Tafel.
Die Taube badet im Eimer.
Erna tollt mit einem Puma.
Tom leimt eine Torte.

10

Was?

Eine Eule turnt auf dem Roller.
Der Pudel Tim malt ein Pferd an die Tafel.
Die Taube Elli badet in einem roten Eimer.
Tante Erna tollt mit einem netten Puma.
Tom leimt eine bunte Torte.

(36 Wörter)

Kreise alle Namenwörter (Nomen) ein!
Kannst du dir auch unsinnige Sätze ausdenken?

Eine Eule turnt auf dem Roller.
Der Pudel Tim malt ein Pferd an die Tafel.
Die Taube Elli badet in einem roten Eimer.
Tante Erna tollt mit einem netten Puma.
Tom leimt eine bunte Torte.

Ritter Edo Edelmann

Der Ritter Edo Edelmann reitet auf Erna.
Er ruft: „Lauf, Erna!
Sonst überfallen uns die Raubritter!"
Erna trabt flott durchs Tor.
Ein Diener meldet Edo Edelmann
beim König.
Der König lobt Edo.
Der Diener holt
einen Riesenbraten für Edo.

(42 Wörter)

Ritter -

Edelmann -

überfallen -

Diener -

Male dein Bild zur Geschichte!

Ritter Edo Edelmann

Der Ritter Edo Edelmann reitet auf Erna.
Er ruft: „Lauf, Erna! Sonst überfallen uns die Raubritter!"
Erna trabt flott durchs Tor.
Ein Diener meldet Edo Edelmann beim König.
Der König lobt Edo.
Der Diener holt einen Riesenbraten für Edo.

Ritter Edo Edelmann

Der Ritter Edo Edelmann
reitet auf dem Pferd Erna.
Er ruft: „Lauf, treue Erna!
Sonst überfallen uns
die üblen Raubritter!"
Erna trabt flott durchs Tor.
Ein Diener meldet
Edo Edelmann beim König.
Der König lobt Edo
und die flotte Erna.
Der Diener holt einen
riesigen Teller mit Braten
für Edo und einen Eimer
mit Birnen für Erna.

(60 Wörter)

Was erlebt
Edo noch?
Schreibe eine
Abenteuer-
geschichte!

Ritter Edo Edelmann

*Der Ritter Edo Edelmann reitet auf dem Pferd Erna.
Er ruft: „Lauf, treue Erna! Sonst überfallen uns die üblen
Raubritter!" Erna trabt flott durchs Tor. Ein Diener
meldet Edo Edelmann beim König. Der König lobt Edo
und die flotte Erna. Der Diener holt einen riesigen Teller
mit Braten für Edo und einen Eimer mit Birnen für Erna.*

Billi bei Oma

Billi liebt Beeren.
Oma teilt mit Billi die Erdbeeren
und die Brombeeren.
Dann malt Billi ein Bild.
Sie malt Oma mit den Beeren.
Auf der Nase, auf dem Zeh
und überall hat Oma Beeren.

(37 Wörter)

Billi -

Beeren -

Erdbeeren -

Bild -

Kreise alle
B/b ein!
Wie viele
findest du?

Billi bei Oma

*Billi liebt Beeren. Oma teilt mit Billi die Erdbeeren
und die Brombeeren. Dann malt Billi ein Bild.
Sie malt Oma mit den Beeren. Auf der Nase, auf
dem Zeh und überall hat Oma Beeren.*

© Persen Verlag, Horneburg/Niederelbe 2001, Best.-Nr. 3839

Billi bei Oma

Billi liebt Beeren.
Oma teilt mit Billi die Erdbeeren und die Brombeeren.
Dann bittet Billi: „Darf ich eine Birne haben?"
Oma bietet Billi die Birne an.
Billi meint: „Die duftet aber toll!"
Am Abend malt Billi ein Bild.
Billi malt Oma und überall Beeren:
auf der Nase, auf dem Zeh und wo noch?

(56 Wörter)

Überlege, wo du weitere
Wörter mit **B/b** finden kannst!
Schreibe mindestens
10 in dein Heft!

Billi bei Oma

*Billi liebt Beeren. Oma teilt mit Billi die Erdbeeren und
die Brombeeren. Dann bittet Billi: „Darf ich eine Birne
haben?" Oma bietet Billi die Birne an. Billi meint:
„Die duftet aber toll!" Am Abend malt Billi ein Bild.
Billi malt Oma und überall Beeren: auf der Nase, auf
dem Zeh und wo noch?*

© Persen Verlag, Horneburg/Niederelbe 2001, Best.-Nr. 3839

Der Drache und der Forscher

Der Drache Fu lebte im tiefen Drachenland.
Da kam der Forscher Doktor Flinn.
Er wollte ein Foto von Fu machen.
Doch Fu fauchte furchtbar.
Der Forscher flüchtete.

(32 Wörter)

Drache -

Forscher -

fauchen -

furchtbar -

Stell dir vor, der Forscher verliert seinen Fotoapparat! Was macht Fu damit? Schreibe die Geschichte weiter!

Der Drache und der Forscher

Der Drache Fu lebte im tiefen Drachenland. Da kam der Forscher Doktor Flinn. Er wollte ein Foto von Fu machen. Doch Fu fauchte furchtbar. Der Forscher flüchtete.

16

Der Drache und der Forscher

Der Drache Fu lebte im tiefen Drachenland.
Da kam einmal der Drachenforscher
Doktor Flinn vorbei.
Er wollte ein Foto von Fu machen.
Aber Fu war ein frecher Drache.
Er fauchte furchtbar laut.
Der Drachenforscher
Doktor Flinn fürchtete sich und
war blitzschnell verschwunden.

(47 Wörter)

Stell dir vor, der Forscher
verliert seinen Fotoapparat!
Was macht Fu damit?
Schreibe die Geschichte
weiter!

Der Drache und der Forscher

Der Drache Fu lebte im tiefen Drachenland.
Da kam einmal der Drachenforscher Doktor Flinn vorbei.
Er wollte ein Foto von Fu machen. Aber Fu war ein frecher
Drache. Er fauchte furchtbar laut. Der Drachenforscher
Doktor Flinn fürchtete sich und war blitzschnell
verschwunden.

Himmel und Hölle

Helena kennt ein neues Spiel.
Das Spiel heißt Himmel und Hölle.
Ihre Mutter meint: „Das habe ich
früher auch schon gespielt."
Helena bettelt: „Bitte, Mama,
spiel mit mir!" Die Mutter lacht
und spielt vergnügt mit.

(38 Wörter)

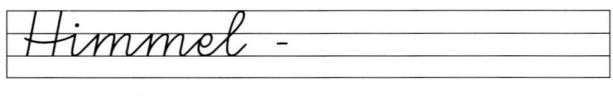

Himmel –

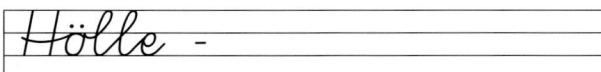

Hölle –

heißt –

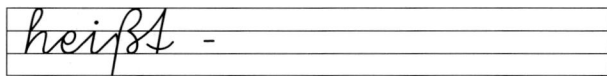

früher –

Weißt du, wie dieses
Spiel gespielt wird?
Welches Lieblingsspiel
hast du?

Himmel und Hölle

Helena kennt ein neues Spiel. Das Spiel heißt Himmel und Hölle. Ihre Mutter meint: „Das habe ich früher auch schon gespielt." Helena bettelt: „Bitte, Mama, spiel mit mir!" Die Mutter lacht und spielt vergnügt mit.

Himmel und Hölle

Auf einen Boden werden Felder aufgezeichnet.
Der erste Spieler wirft den Stein ins Erde-Feld.
Dann springt er mit beiden Füßen in dieses Feld,
sodass er beim Landen den Stein weiterstößt.
Das wird nun von Feld zu Feld so weitergemacht,
bis der Spieler zum Himmel gelangt.
Die Hölle muss übersprungen werden.
Wer einen Fehler macht, setzt aus.

(60 Wörter)

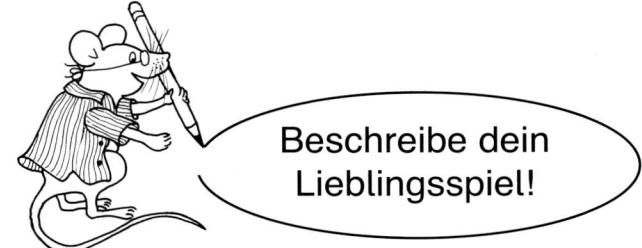

Beschreibe dein Lieblingsspiel!

Himmel und Hölle

Auf einen Boden werden Felder aufgezeichnet. Der erste Spieler wirft den Stein ins Erde-Feld. Dann springt er mit beiden Füßen in dieses Feld, sodass er beim Landen den Stein weiterstößt. Das wird nun von Feld zu Feld so weitergemacht, bis der Spieler zum Himmel gelangt. Die Hölle muss übersprungen werden. Wer einen Fehler macht, setzt aus.

Simon an der See

Simon fährt mit seinen Eltern an die See.
Er findet eine seltene Muschel im Sand.
Simon sammelt noch weitere Muscheln.
„Wollt ihr mal meine Muscheln sehen?",
fragt Simon seine Eltern.
Sie kommen und staunen.

(38 Wörter)

See -

Muschel -

sammeln -

staunen -

Stell dir vor, du findest eine Zaubermuschel! Was erzählt sie dir? Schreibe die Geschichte auf!

Simon an der See

Simon fährt mit seinen Eltern an die See.
Er findet eine seltene Muschel im Sand.
Simon sammelt noch weitere Muscheln.
„Wollt ihr mal meine Muscheln sehen?",
fragt Simon seine Eltern. Sie kommen und staunen.

Simon an der See

In den Ferien fährt Simon mit seinen Eltern an die See.
Eines Tages findet er eine seltene Muschel im Sand.
Simon spielt Forscher und sammelt noch weitere Muscheln.
„Wollt ihr mal meine Muschelsammlung sehen?",
fragt Simon seine Eltern.
Die Eltern kommen und bestaunen
die schönen Muscheln.

(50 Wörter)

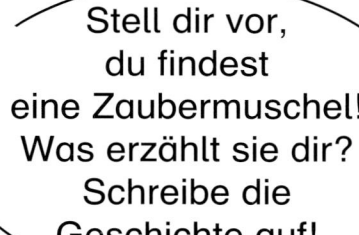

Stell dir vor,
du findest
eine Zaubermuschel!
Was erzählt sie dir?
Schreibe die
Geschichte auf!

Simon an der See

In den Ferien fährt Simon mit seinen Eltern an die See.
Eines Tages findet er eine seltene Muschel im Sand.
Simon spielt Forscher und sammelt noch weitere
Muscheln. „Wollt ihr mal meine Muschelsammlung
sehen?", fragt Simon seine Eltern. Die Eltern kommen
und bestaunen die schönen Muscheln.

A	a	D	d	Sätze ausdenken

Acht Affen albern am Ast.
Acht Ameisenbären aßen Ameisen.
Der Doktor drückt den Daumen der Dame.
Der Düsenjäger düst durch die Dunkelheit.

(22 Wörter)

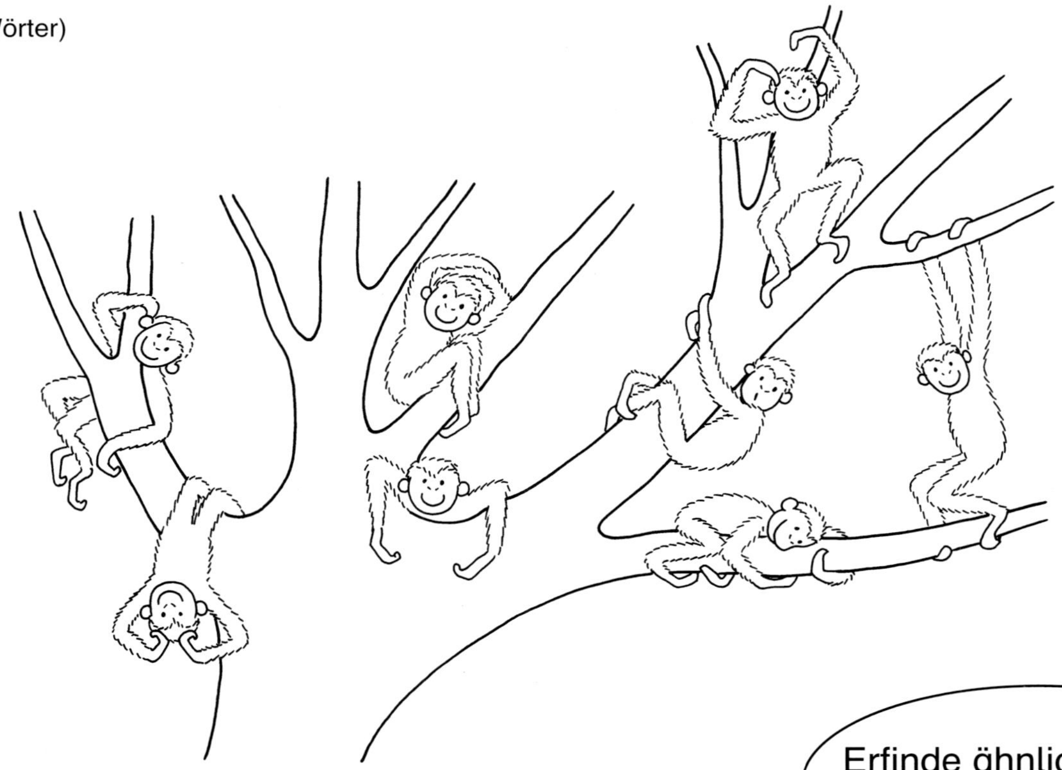

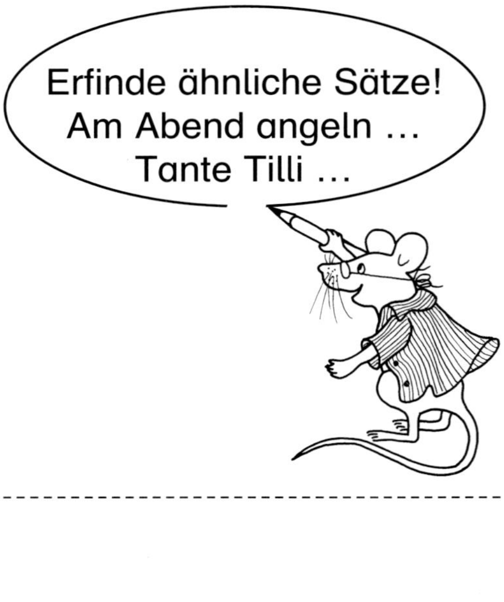
Erfinde ähnliche Sätze!
Am Abend angeln …
Tante Tilli …

Affen -

drückt -

Düsenjäger -

Acht Affen albern am Ast.

Acht Ameisenbären aßen Ameisen.

Der Doktor drückt den Daumen der Dame.

Der Düsenjäger düst durch die Dunkelheit.

A	a	D	d
F	f	Z	z

Sätze ausdenken

Acht Affen albern am Ast.
Acht Ameisenbären aßen Ameisen.
Der Doktor drückt den Daumen der Dame.
Der Düsenjäger düst durch die Dunkelheit.
Fünf Freunde feiern feine Feste.
Zwei Zauberer zaubern
Zebras zum Zoo.

(33 Wörter)

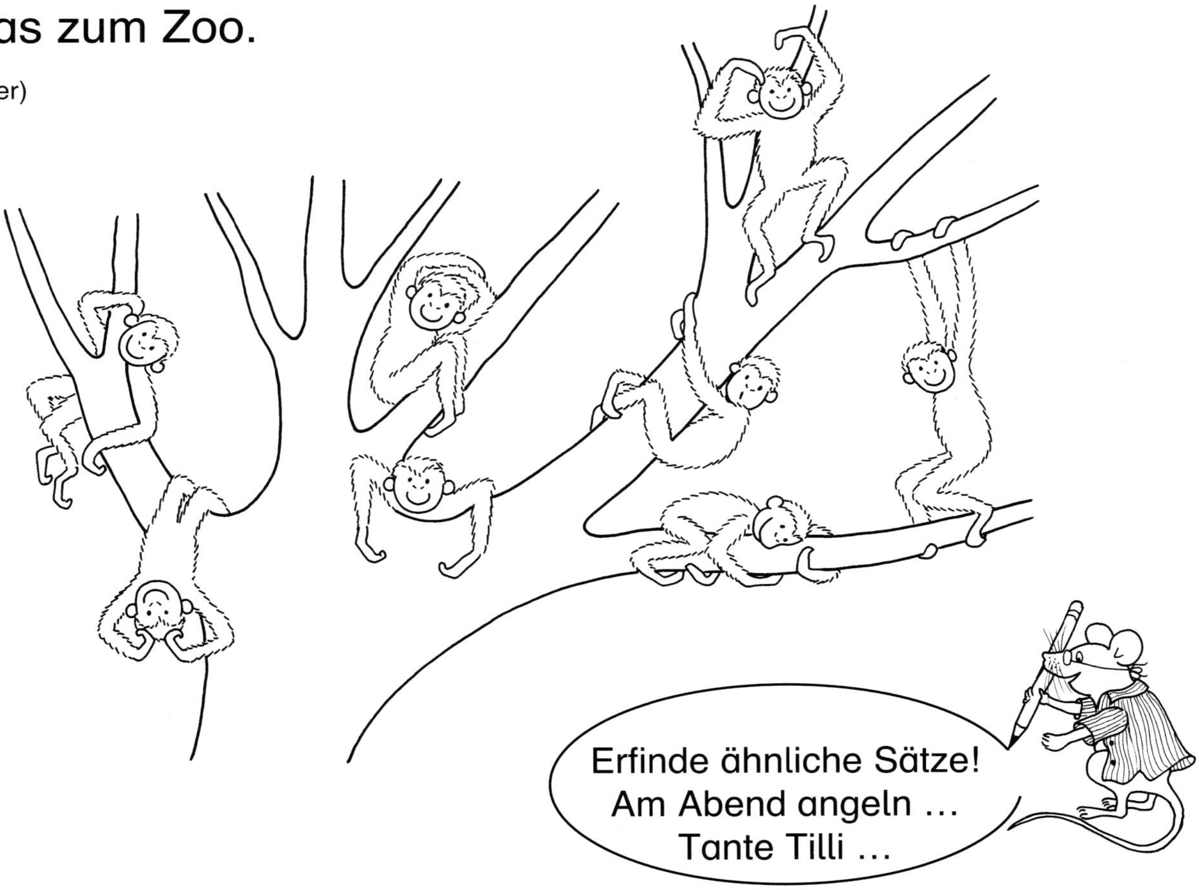

Erfinde ähnliche Sätze!
Am Abend angeln …
Tante Tilli …

Acht Affen albern am Ast.
Acht Ameisenbären aßen Ameisen.
Der Doktor drückt den Daumen der Dame.
Der Düsenjäger düst durch die Dunkelheit.
Fünf Freunde feiern feine Feste.
Zwei Zauberer zaubern Zebras zum Zoo.

Sommer

S Sonne auf der Haut spüren
O Oma besuchen
M Musik hören
M Minigolf spielen
E Eis essen
R Reisen unternehmen

(17 Wörter)

spüren -

besuchen -

Minigolf -

unternehmen -

Denke dir selbst eine Wortspielerei aus!

Sommer

S Sonne auf der Haut spüren
O Oma besuchen
M Musik hören
M Minigolf spielen
E Eis essen
R Reisen unternehmen

Sommerferien

S   Sonne auf der Haut spüren
O   Oma besuchen
M   Musik hören
M   Minigolf spielen
E   Eis essen
R   Rollerblades fahren
F   Freunde treffen
E   Erdbeeren pflücken
R   Reisen unternehmen
I   Indianer spielen
E   Elefanten kitzeln
N   Nachtigallen zuhören

(29 Wörter)

Denke dir eigene Wortspielereien aus!

Sommerferien

S   Sonne auf der Haut spüren
O   Oma besuchen
M   Musik hören
M   Minigolf spielen
E   Eis essen
R   Rollerblades fahren
F   Freunde treffen
E   Erdbeeren pflücken
R   Reisen unternehmen
I   Indianer spielen
E   Elefanten kitzeln
N   Nachtigallen zuhören

Was es in der Traumschule gibt

T	Torte
R	Roboter
A	Ausflüge
U	Unsinn
M	Musik
S	Schokolade
C	Computer
H	Haustiere
U	Urlaub
L	Limonade
E	Elefanten

(18 Wörter)

Roboter -

Ausflüge -

Unsinn -

Haustiere -

Wie sieht deine
Traumschule aus?

Was es in der Traumschule gibt

T Torte
R Roboter
A Ausflüge
U Unsinn
M. Musik
S Schokolade
C Computer
H Haustiere
U Urlaub
L Limonade
E Elefanten

Was wir in der Traumschule machen

T   Torte essen
R   Roboter basteln
A   Angeber auslachen
U   Unsinn machen
M   Märchen vorlesen
S   Saltos springen
C   Cowboy spielen
H   Hamster füttern
U   U-Boote erfinden
L   Limonade trinken
E   Eskimos einladen

(29 Wörter)

Wie sieht deine
Traumschule aus?

Was wir in der Traumschule machen

T   Torte essen
R   Roboter basteln
A   Angeber auslachen
U   Unsinn machen
M   Märchen vorlesen
S   Saltos springen
C   Cowboy spielen
H   Hamster füttern
U   U-Boote erfinden
L   Limonade trinken
E   Eskimos einladen

Wüstenschiffe

Karolin ist mit Opa im Tierpark.
Sie will zu den Kamelen.
Opa sagt: „Kamele nennt man
auch Wüstenschiffe."
Karolin fragt: „Warum denn?"
Opa erklärt: „Wenn man auf einem
Kamel durch die Wüste reitet,
schaukelt es wie auf einem Schiff."

(40 Wörter)

Tierpark -

Kamel -

schaukelt -

Wüstenschiff -

Was findest du im
Lexikon über Kamele?
Schreibe
Interessantes auf!

Wüstenschiffe

Karolin ist mit Opa im Tierpark. Sie will zu den
Kamelen. Opa sagt: „Kamele nennt man auch
Wüstenschiffe." Karolin fragt: „Warum denn?"
Opa erklärt: „Wenn man auf einem Kamel durch die
Wüste reitet, schaukelt es wie auf einem Schiff."

© Persen Verlag, Horneburg/Niederelbe 2001, Best.-Nr. 3839

Wüstenschiffe

Karolin ist mit Opa im Tierpark. Sie will zu den Kamelen.
Opa sagt: „Kamele nennt man auch Wüstenschiffe."
Karolin fragt: „Schwimmen die Kamele durch die Wüste?"
Opa muss lachen. Er erklärt: „Wenn man auf einem Kamel
durch die Wüste reitet, schaukelt es wie auf einem Schiff."
Karolin meint: „Dann kann man ja
in der Wüste seekrank werden!"

(58 Wörter)

Was steht im Lexikon über Kamele? Was findest du bei anderen Tieren interessant?

Wüstenschiffe

Karolin ist mit Opa im Tierpark. Sie will zu den Kamelen. Opa sagt: „Kamele nennt man auch Wüstenschiffe." Karolin fragt: „Schwimmen die Kamele durch die Wüste?" Opa muss lachen. Er erklärt: „Wenn man auf einem Kamel durch die Wüste reitet, schaukelt es wie auf einem Schiff." Karolin meint: „Dann kann man ja in der Wüste seekrank werden!"

Billis Lieblingsbuch

Oma möchte Billi ein Buch kaufen.
Im Buchladen fragt Oma:
„Billi, möchtest du ein Märchenbuch
oder ein Pferdebuch?"
Billi sagt: „Nein."
Sie möchte auch kein Bastelbuch
und kein Buch mit Witzen.
Billi will lieber ein Abenteuerbuch!

(38 Wörter)

Lieblingsbuch -

Märchenbuch -

Pferdebuch -

Abenteuerbuch -

Welche
unterschiedlichen
Bücher kennst du?
Schreibe auf:
Märchenbücher,
Bastelbücher, …

Billis Lieblingsbuch

*Oma möchte Billi ein Buch kaufen. Im Buchladen fragt
Oma: „Billi, möchtest du ein Märchenbuch oder ein
Pferdebuch?" Billi sagt: „Nein." Sie möchte auch kein
Bastelbuch und kein Buch mit Witzen. Billi will lieber
ein Abenteuerbuch!*

Billis Lieblingsbuch

Oma möchte Billi ein Buch schenken.
Im Buchladen fragt Oma:
„Billi, möchtest du ein Märchenbuch oder ein Pferdebuch?"
Billi schüttelt den Kopf.
In den Bücherregalen stehen auch Bastelbücher,
Rätselbücher und Witzbücher.
Aber Billi weiß genau, was sie will:
ein spannendes Abenteuerbuch!

(43 Wörter)

Schreibe über deine Lieblingsbücher!

Billis Lieblingsbuch

Oma möchte Billi ein Buch schenken. Im Buchladen fragt Oma: „Billi, möchtest du ein Märchenbuch oder ein Pferdebuch?" Billi schüttelt den Kopf. In den Bücherregalen stehen auch Bastelbücher, Rätselbücher und Witzbücher. Aber Billi weiß genau, was sie will: ein spannendes Abenteuerbuch!

Jans Sonnenblumen

Jan ist mit Mama im Garten.
Mama begießt die Gemüsebeete
und die Erdbeerpflanzen.
Jan hat ein eigenes Blumenbeet.
Dort wachsen jedes Jahr
große Sonnenblumen.
Jan findet die Blumen schön.

(31 Wörter)

Jan -

Jahr -

Sonnenblumen -

Gemüsebeete -

Kreise alle Wörter ein, die aus zwei Namenwörtern (Nomen) bestehen!

Jans Sonnenblumen

Jan ist mit Mama im Garten.
Mama begießt die Gemüsebeete
und die Erdbeerpflanzen.
Jan hat ein eigenes Blumenbeet.
Dort wachsen jedes Jahr große Sonnenblumen.
Jan findet die Blumen schön.

© Persen Verlag, Horneburg/Niederelbe 2001, Best.-Nr. 3839

Jans Sonnenblumen

Jan ist mit Mama im Garten.
Mama jätet Unkraut.
Dann holt sie Wasser
aus der Regentonne.
Sie füllt die Gießkanne und gießt
die Gemüsebeete und
die Erdbeerpflanzen.
Jan hat ein eigenes Blumenbeet.
Dort wachsen jedes Jahr
große Sonnenblumen.
Jan findet die Blumen schön.

(45 Wörter)

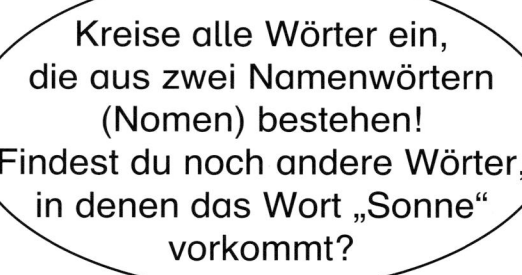

Kreise alle Wörter ein, die aus zwei Namenwörtern (Nomen) bestehen! Findest du noch andere Wörter, in denen das Wort „Sonne" vorkommt?

Jans Sonnenblumen

Jan ist mit Mama im Garten. Mama jätet Unkraut. Dann holt sie Wasser aus der Regentonne. Sie füllt die Gießkanne und gießt die Gemüsebeete und die Erdbeerpflanzen. Jan hat ein eigenes Blumenbeet. Dort wachsen jedes Jahr große Sonnenblumen. Jan findet die Blumen schön.

Laras Familie

Laras Mama heißt Liane.
Mamas Schwester heißt Xenia.
Laras Papa heißt Lorenz.
Papas Bruder heißt Lutz.
Das Kind von Lutz heißt Lilli.

(24 Wörter)

Lara -

Schwester -

Kannst du diese
Fragen beantworten:
1. Wie heißt Laras Tante?
2. Wie heißt Laras Onkel?
3. Wie heißt Laras Kusine?

Lorenz -

Lutz -

Laras Familie

Laras Mama heißt Liane.
Mamas Schwester heißt
Xenia.
Laras Papa heißt Lorenz.
Papas Bruder heißt Lutz.
Das Kind von Lutz heißt Lilli.

© Persen Verlag, Horneburg/Niederelbe 2001, Best.-Nr. 3839

Laras Familie

Laras Mama heißt Liane.
Mamas Schwester heißt Luisa.
Laras Papa heißt Lorenz.
Papas Bruder heißt Lutz.
Die Frau von Papas Bruder
heißt Xenia.
Das Kind von Lutz und Xenia
heißt Lilli.

(33 Wörter)

Kannst du diese
Fragen beantworten:
1. Wie heißt Laras Tante?
2. Wie heißt Laras Onkel?
3. Wie heißt Laras Kusine?
4. Wie heißen deine
Verwandten?

- -

Laras Familie

Laras Mama heißt Liane.
Mamas Schwester heißt Luisa.
Laras Papa heißt Lorenz.
Papas Bruder heißt Lutz.
Die Frau von Papas Bruder heißt Xenia.
Das Kind von Lutz und Xenia heißt Lilli.

In der Zauberschule

Die Hexe Quix zaubert:
„Hexenjux und Nixenquatsch,
hokus pokus Mixermatsch!"
Sie zaubert ein
Glas Zitronenlimonade.
Der Zauberschüler Zino soll
auch eine Limo zaubern.
Er flüstert:
„Zauberjux und Nixenmatsch,
hokus pokus Mixerquatsch!"
Da steht ein Zebra vor Zino.

(40 Wörter)

Hexe -

Quix -

Zebra -

Erfinde einen eigenen Zauberspruch!

In der Zauberschule

Die Hexe Quix zaubert: „Hexenjux und Nixenquatsch,
hokus pokus Mixermatsch!"
Sie zaubert ein Glas Zitronenlimonade.
Der Zauberschüler Zino soll auch eine Limo zaubern.
Er flüstert: „Zauberjux und Nixenmatsch,
hokus pokus Mixerquatsch!" Da steht ein Zebra vor Zino.

© Persen Verlag, Horneburg/Niederelbe 2001, Best.-Nr. 3839

In der Zauberschule

Die Hexe Quix zaubert:
„Hexenjux und Nixenquatsch,
Zauberquark und Mixermatsch!"
Vor Quix erscheint
ein Glas Zitronenlimonade.
Nun soll der Zauberschüler Zino
den Trick nachzaubern.
Er flüstert: „Zauberjux und Nixenmatsch,
Hexenquark und Mixerquatsch!"
Plötzlich steht ein Zebra vor Zino.
Das Zebra trinkt die Zitronenlimonade aus.

(47 Wörter)

Erfinde
eigene
Zaubersprüche!

In der Zauberschule

Die Hexe Quix zaubert: „Hexenjux und Nixenquatsch,
Zauberquark und Mixermatsch!" Vor Quix erscheint ein
Glas Zitronenlimonade. Nun soll der Zauberschüler
Zino den Trick nachzaubern. Er flüstert: „Zauberjux und
Nixenmatsch, Hexenquark und Mixerquatsch!"
Plötzlich steht ein Zebra vor Zino. Das Zebra trinkt die
Zitronenlimonade aus.

Gabi und Gigi

Gabi hat einen Kater.
Sein Name ist Gigi.
Der Kater ist gern bei Gabi.
Gabi ist mit Gigi im Garten.
Sie holt einen Ball für Gigi.
Aber Gigi will mit Gabi
auf die Gartenbank.

(37 Wörter)

Gabi -

Gigi -

Kater -

Gartenbank -

Was weißt du über Katzen?

Gabi und Gigi

Gabi hat einen Kater. Sein Name ist Gigi.
Der Kater ist gern bei Gabi. Gabi ist mit Gigi im Garten.
Sie holt einen Ball für Gigi.
Aber Gigi will mit Gabi auf die Gartenbank.

© Persen Verlag, Horneburg/Niederelbe 2001, Best.-Nr. 3839

Gabi und Gigi

Gabi hat einen grauen Kater.
Sein Name ist Gigi.
Gabi hat den Kater aus
dem Tierheim geholt.
Der Kater ist gern bei Gabi.
Gabi ist mit Gigi im Garten.
Sie holt einen Ball für Gigi.
Aber Gigi will mit Gabi
auf die Gartenbank.

(46 Wörter)

Was weißt du über Katzen?
Du kannst auch Wichtiges
aus einem Buch
herausschreiben!

Gabi und Gigi

Gabi hat einen grauen Kater. Sein Name ist Gigi.

Gabi hat den Kater aus dem Tierheim geholt.

Der Kater ist gern bei Gabi. Gabi ist mit Gigi im Garten.

Sie holt einen Ball für Gigi.

Aber Gigi will mit Gabi auf die Gartenbank.

Molche im Teich

Caro und Timo sitzen am Teich.
Da ruft Caro:
„Timo, da schwimmen Molche!"
„Toll", sagt Timo, „Molche sehen
wie Minidinos aus!"
„Ja", meint Caro, „oben sind sie
schwarz und am Bauch
leuchten sie rot!"

(37 Wörter)

Molche -

Teich -

schwimmen -

Minidinos -

Kreise alle
Wörter mit **ch** ein!
Zeichne einen
Molch!

Molche im Teich

Caro und Timo sitzen am Teich.
Da ruft Caro: „Timo, da schwimmen Molche!"
„Toll", sagt Timo, „Molche sehen wie Minidinos aus!"
„Ja", meint Caro, „oben sind sie schwarz und am Bauch
leuchten sie rot!"

© Persen Verlag, Horneburg/Niederelbe 2001, Best.-Nr. 3839

Molche im Teich

Caro und Timo sitzen am Teich.
Da ruft Caro: „Timo, da schwimmen zwei Molche!"
„Toll", sagt Timo, „Molche sehen
ja wie schwimmende Minidinos aus!"
„Ja", meint Caro, „und guck mal,
auf dem Rücken sind sie schwarz
und am Bauch leuchten sie ganz rot!"

(46 Wörter)

Lies im Lexikon über Molche nach! Schreibe Interessantes auf!

Molche im Teich

Caro und Timo sitzen am Teich. Da ruft Caro: „Timo, da schwimmen zwei Molche!" „Toll", sagt Timo, „Molche sehen ja wie schwimmende Minidinos aus!" „Ja", meint Caro, „und guck mal, auf dem Rücken sind sie schwarz und am Bauch leuchten sie ganz rot!"

Violas Vater

Violas Vater arbeitet als Verkäufer.
Er verkauft verrückte Sachen.
Voriges Jahr verkaufte er
eine vorlaute Blumenvase.
Vor einer Woche verkaufte er
einen vergesslichen Vulkan.
Vorgestern verkaufte er
sein verrücktes Geschäft.

(32 Wörter)

Sieh im Wörterverzeichnis unter **V/v** nach! Kannst du auch verrückte Sachen erfinden?

Viola -

Verkäufer -

verrückt -

vergesslich -

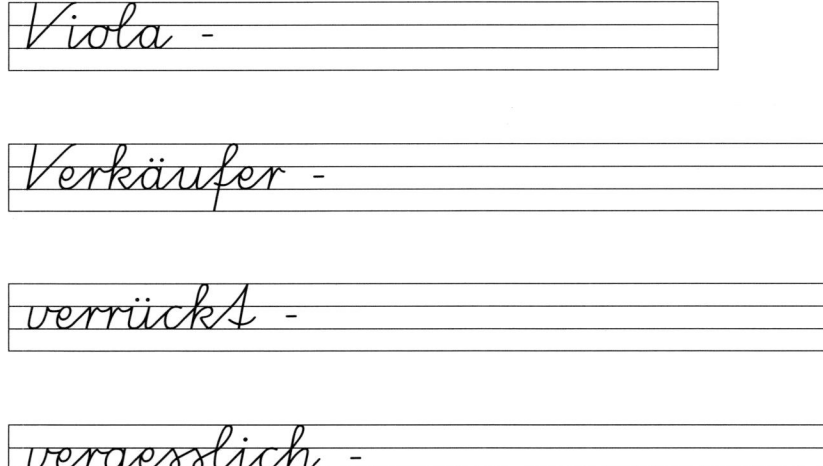

Violas Vater

Violas Vater arbeitet als Verkäufer.
Er verkauft verrückte Sachen.
Voriges Jahr verkaufte er eine vorlaute Blumenvase.
Vor einer Woche verkaufte er einen vergesslichen Vulkan.
Vorgestern verkaufte er sein verrücktes Geschäft.

© Persen Verlag, Horneburg/Niederelbe 2001, Best.-Nr. 3839

Violas Vater und sein verrücktes Geschäft

Violas Vater arbeitet als Verkäufer.
Er verkauft verrückte Sachen.
Voriges Jahr verkaufte er einen
verheirateten Vorhang und
eine vorlaute Blumenvase.
Vor einer Woche verkaufte er
Vanilleeis mit Vitaminen und
einen vergesslichen Vulkan.
Vorgestern verkaufte er einem verkleideten
Vampir sein verrücktes Geschäft.

(47 Wörter)

Sieh im
Wörterverzeichnis
unter **V/v** nach!
Kannst du auch
verrückte Sachen
erfinden?

Violas Vater und sein verrücktes Geschäft

*Violas Vater arbeitet als Verkäufer. Er verkauft verrückte
Sachen. Voriges Jahr verkaufte er einen verheirateten
Vorhang und eine vorlaute Blumenvase. Vor einer Woche
verkaufte er Vanilleeis mit Vitaminen und einen
vergesslichen Vulkan. Vorgestern verkaufte er einem
verkleideten Vampir sein verrücktes Geschäft.*

Olli will kochen

Olli will Koch werden.
Er will nur für Kinder kochen.
In Ollis Lokal gibt es zuerst eine
große Portion Schokoladencreme.
Dann macht er einen
Popcornauflauf mit Himbeersoße.
Zum Schluss kocht er
noch Colabonbons.

(36 Wörter)

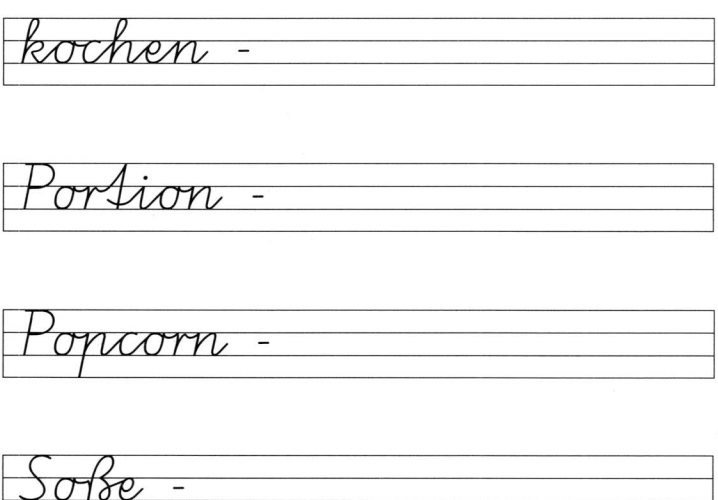

kochen -

Portion -

Popcorn -

Soße -

Welche ungewöhnlichen
Speisen würdest du dir
in Ollis Lokal bestellen?

Olli will kochen

Olli will Koch werden. Er will nur für Kinder kochen.
In Ollis Lokal gibt es zuerst eine große Portion
Schokoladencreme. Dann macht er einen Popcornauflauf
mit Himbeersoße. Zum Schluss kocht er noch
Colabonbons.

Olli will kochen

Wenn Olli groß ist,
will er Koch werden.
Er will nur für Kinder kochen.
Olli sagt: „Ich koche all das,
was für die Großen ungesund ist."
In Ollis Lokal gibt es zuerst eine
große Portion Schokoladencreme.
Dann macht er einen
Popcornauflauf mit Himbeersoße.
Zum Schluss kocht er noch
Colabonbons.

(52 Wörter)

Welche ungewöhnlichen Speisen würdest du dir in Ollis Lokal bestellen?

Olli will kochen

Wenn Olli groß ist, will er Koch werden. Er will nur für Kinder kochen. Olli sagt: „Ich koche all das, was für die Großen ungesund ist." In Ollis Lokal gibt es zuerst eine große Portion Schokoladencreme. Dann macht er einen Popcornauflauf mit Himbeersoße. Zum Schluss kocht er noch Colabonbons.

Jessica und ihr Hase

Rassel ist Jessicas Hase.
Rassel darf auf den Rasen.
Jessica füllt Wasser in eine Tasse.
Der Hase trinkt und seine Nase
wird ganz nass.
Danach frisst Rassel
noch etwas Gras.

(34 Wörter)

Jessica -

füllt -

Tasse -

nass -

Unterstreiche alle
Wörter mit **ss**!
Findest du
weitere?

Jessica und ihr Hase

Rassel ist Jessicas Hase.
Rassel darf auf den Rasen.
Jessica füllt Wasser in eine Tasse.
Der Hase trinkt und seine Nase wird ganz nass.
Danach frisst Rassel noch etwas Gras.

© Persen Verlag, Horneburg/Niederelbe 2001, Best.-Nr. 3839

Jessica und ihr Hase

Rassel ist Jessicas Hase.
Heute darf Rassel auf den Rasen.
Jessica füllt Wasser für
Rassel in eine Tasse.
Der Hase schnuppert
an dem Wasser.
Er trinkt und seine Nase
wird ganz nass.
Bevor Jessica ihn wieder
in den Stall bringt,
frisst Rassel noch etwas Gras.

(49 Wörter)

Unterstreiche alle
Wörter mit **ss**!
Findest du
weitere?

Jessica und ihr Hase

Rassel ist Jessicas Hase. Heute darf Rassel auf den Rasen. Jessica füllt Wasser für Rassel in eine Tasse. Der Hase schnuppert an dem Wasser. Er trinkt und seine Nase wird ganz nass. Bevor Jessica ihn wieder in den Stall bringt, frisst Rassel noch etwas Gras.

Ein Tag am Meer

Leo ist mit seinen Eltern am Meer.
Sie fahren mit dem Boot.
Mama holt heißen Tee
und ein paar Kekse hervor.
Leo sagt: „Nachher möchte
ich mir im Meereszoo
die Aale ansehen."

(36 Wörter)

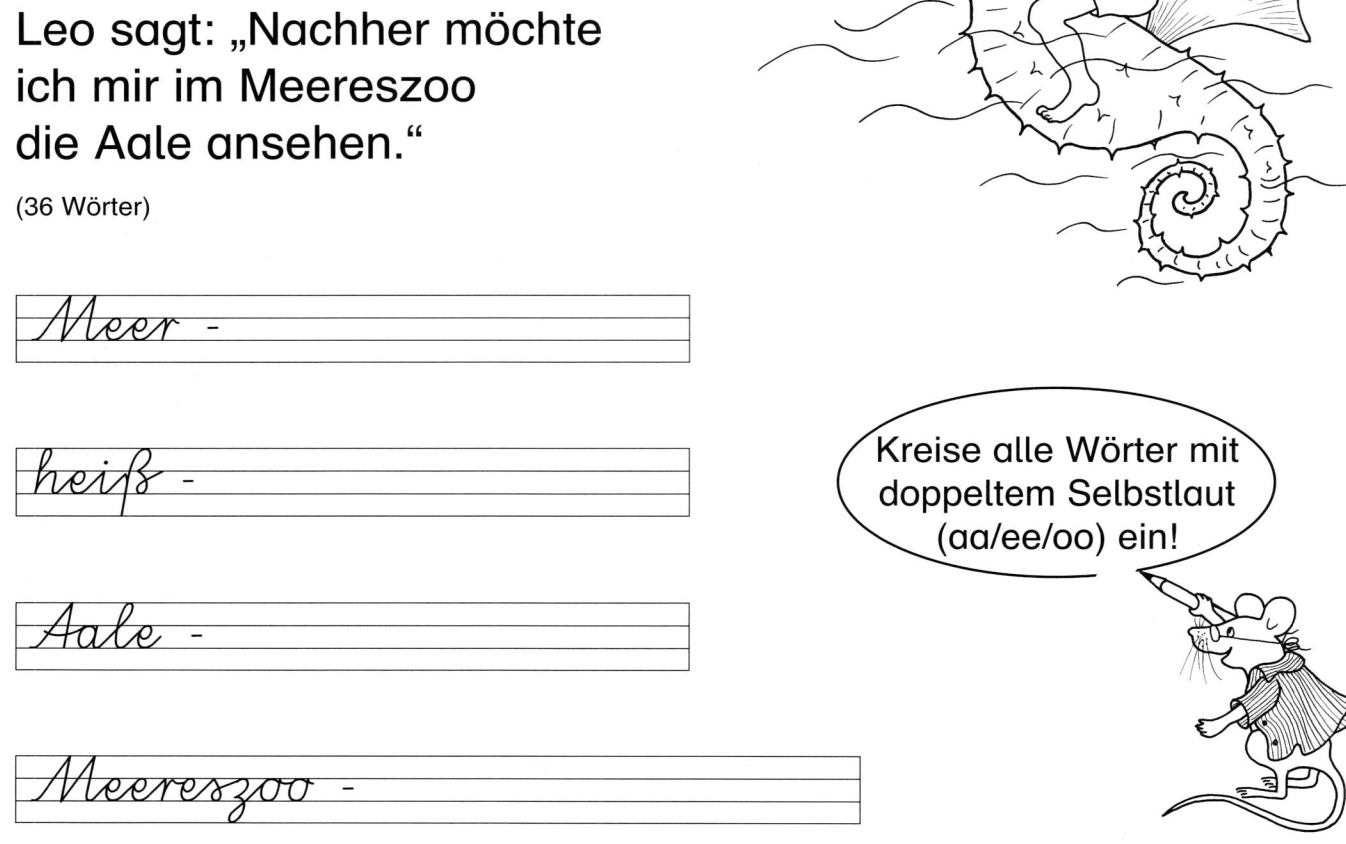

Meer -

heiß -

Aale -

Meereszoo -

Kreise alle Wörter mit doppeltem Selbstlaut (aa/ee/oo) ein!

Ein Tag am Meer

Leo ist mit seinen Eltern am Meer.
Sie fahren mit dem Boot.
Mama holt heißen Tee und ein paar Kekse hervor.
Leo sagt: „Nachher möchte ich mir im Meereszoo
die Aale ansehen."

Ein Tag am Meer

Leo ist mit seinen Eltern am Meer.
Sie machen eine Bootsfahrt.
Mama holt heißen Tee
und ein paar Kekse hervor.
Papa fragt: „Was wollen wir
heute noch machen?"
Leo sagt: „Ich möchte mir im
Meereszoo die Aale und die
Seepferdchen ansehen."

(45 Wörter)

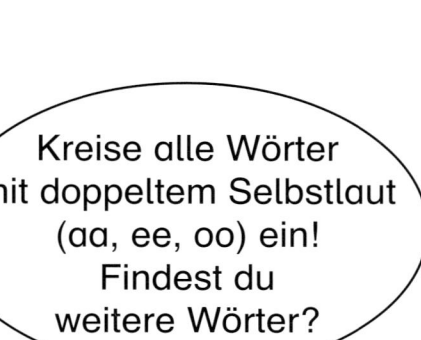

Kreise alle Wörter
mit doppeltem Selbstlaut
(aa, ee, oo) ein!
Findest du
weitere Wörter?

Ein Tag am Meer

*Leo ist mit seinen Eltern am Meer. Sie machen eine
Bootsfahrt. Mama holt heißen Tee und ein paar Kekse
hervor. Papa fragt: „Was wollen wir heute noch machen?"
Leo sagt: „Ich möchte mir im Meereszoo die Aale und
die Seepferdchen ansehen."*

Streit

Steffi und Astrid haben Streit.
Steffi sagt zu Astrid:
„Du Spielverderberin!"
Da malt Astrid mit ihrem Stift
auf Steffis Hose.
Steffi stößt mit ihrem Stiefel gegen Astrid.
Dabei fliegt der Stiefel von ihrem Fuß.
Jetzt müssen beide lachen.

(39 Wörter)

Streit -

Stiefel -

Spielverderberin -

stoßen -

Schreibe alle Wörter
mit **Sp/sp** und **St/st**
geordnet in dein Heft!

- -

Streit

Steffi und Astrid haben Streit.
Steffi sagt zu Astrid: „Du Spielverderberin!"
Da malt Astrid mit ihrem Stift auf Steffis Hose.
Steffi stößt mit ihrem Stiefel gegen Astrid.
Dabei fliegt der Stiefel von ihrem Fuß.
Jetzt müssen beide lachen.

Streit

Steffi und Astrid haben Streit. Sie haben zusammen gespielt,
aber nun sagt Steffi zu Astrid: „Du Spielverderberin!"
Da malt Astrid mit ihrem Stift einen Strich auf Steffis Hose.
Steffi stößt mit ihrem Stiefel gegen Astrid.
Dabei fliegt der Stiefel von ihrem Fuß.
Jetzt müssen beide lachen.
Astrid holt für Steffi den Stiefel.
Dann spielen sie weiter.

(57 Wörter)

Schreibe alle Wörter
mit **Sp/sp** und **St/st**
geordnet in dein Heft!

Streit

*Steffi und Astrid haben Streit. Sie haben zusammen
gespielt, aber nun sagt Steffi zu Astrid: „Du Spielverderberin!" Da malt Astrid mit ihrem Stift einen
Strich auf Steffis Hose. Steffi stößt mit ihrem Stiefel
gegen Astrid. Dabei fliegt der Stiefel von ihrem Fuß.
Jetzt müssen beide lachen. Astrid holt für Steffi den
Stiefel. Dann spielen sie weiter.*

Wunderliche Geschichten

Das Pony hüpft auf dem Trampolin.
Der Igel macht Urlaub in Italien.
Die Natter heiratet den Otter.
Der Teddy tanzt mit der Puppe.
Oma jodelt Opern mit Opa.

(30 Wörter)

wunderlich -

Trampolin -

Italien -

Teddy -

Erfinde selbst
unsinnige Sätze!

Wunderliche Geschichten

Das Pony hüpft auf dem Trampolin.
Der Igel macht Urlaub in Italien.
Die Natter heiratet den Otter.
Der Teddy tanzt mit der Puppe.
Oma jodelt Opern mit Opa.

Wunderliche Geschichten

Das Pony Tony hüpft auf dem Trampolin.
Der Igel Igor macht Urlaub in Italien.
Die Natter Natascha heiratet den Otter Otto.
Der Teddy Tim tanzt mit der Puppe Ypsi.
Oma Olga jodelt Opern mit Opa Otmar.

(38 Wörter)

Erfinde selbst unsinnige Sätze!

Wunderliche Geschichten

Das Pony Tony hüpft auf dem Trampolin.
Der Igel Igor macht Urlaub in Italien.
Die Natter Natascha heiratet den Otter Otto.
Der Teddy Tim tanzt mit der Puppe Ypsi.
Oma Olga jodelt Opern mit Opa Otmar.

Niklas telefoniert

Niklas will mit Nina telefonieren.
Er wählt Ninas Nummer.
Nina sagt: „Hier ist Nina."
Niklas antwortet: „Hier spricht Niklas.
Was machst du gerade?"
Nina meint: „Ich telefoniere mit dir."
Niklas kichert und sagt:
„Na warte, du Nudel."

(39 Wörter)

Niklas -

wählt -

spricht -

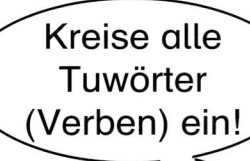

Kreise alle Tuwörter (Verben) ein!

telefonieren -

Niklas telefoniert

Niklas will mit Nina telefonieren. Er wählt Ninas Nummer. Nina sagt: „Hier ist Nina." Niklas antwortet: „Hier spricht Niklas. Was machst du gerade?" Nina meint: „Ich telefoniere mit dir." Niklas kichert und sagt: „Na warte, du Nudel."

Niklas telefoniert

Niklas will mit Nina telefonieren.
Er wählt Ninas Nummer:
neun, eins, fünf, null, sieben.
Nina sagt: „Hier ist Nina Neumann."
Niklas antwortet: „Hier spricht Niklas.
Was machst du gerade?"
Nina meint: „Ich telefoniere mit dir."
Niklas kichert und sagt:
„Na warte, du Nudel."

(45 Wörter)

Kreise alle Tuwörter
(Verben) ein!
Schreibe sie mit der
Grundform auf!

Niklas telefoniert

Niklas will mit Nina telefonieren. Er wählt Ninas Nummer: neun, eins, fünf, null, sieben. Nina sagt: „Hier ist Nina Neumann." Niklas antwortet: „Hier spricht Niklas. Was machst du gerade?" Nina meint: „Ich telefoniere mit dir." Niklas kichert und sagt: „Na warte, du Nudel."

Wer ist das?

Er lebt im Wasser.
Er kann 30 Meter lang werden.
Er wiegt so viel wie 25 Elefanten.
Er kann weite Wege zurücklegen.
Wer ist das? Es ist der

(30 Wörter)

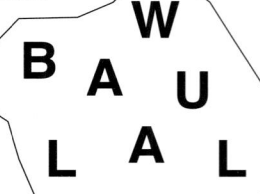

Wasser –

wiegt –

so viel –

zurücklegen –

Löse das Rätsel und denke dir selbst eins aus!

Wer ist das?

Er lebt im Wasser.

Er kann 30 Meter lang werden.

Er wiegt so viel wie 25 Elefanten.

Er kann weite Wege zurücklegen.

Wer ist das? Es ist der Blauwal.

Wer ist das?

Er lebt im Wasser.
Er kann 30 Meter lang werden.
Er wiegt so viel wie 25 Elefanten.
Seine Zunge wird 3 Meter dick.
Er ist das größte und schwerste Tier der Welt.
Er kann weite Wege zurücklegen.
Wer ist das? Es ist der

(44 Wörter)

Löse das Rätsel und denke dir selbst eins aus!

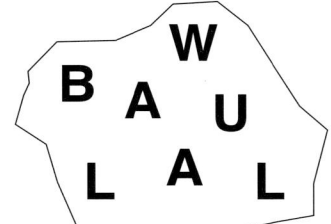

Wer ist das?

Er lebt im Wasser. Er kann 30 Meter lang werden.
Er wiegt so viel wie 25 Elefanten. Seine Zunge wird
3 Meter dick. Er ist das größte und schwerste Tier der
Welt. Er kann weite Wege zurücklegen. Wer ist das?
Es ist der Blauwal.

Das Geschenk

Karsten hat Geburtstag.
Mama sagt: „In der Küche steht ein Korb.
Darin ist dein Geschenk."
In dem Korb ist ein kleiner Dackel.
Karsten ruft: „Toll, ein Dackel!
Er soll Kuki heißen."

(33 Wörter)

Geschenk -

Geburtstag -

Korb -

Dackel -

Was war deine größte Geburtstagsüberraschung?

Das Geschenk

Karsten hat Geburtstag.
Mama sagt: „In der Küche steht ein Korb. Darin ist
dein Geschenk." In dem Korb ist ein kleiner Dackel.
Karsten ruft: „Toll, ein Dackel! Er soll Kuki heißen."

Das Geburtstagsgeschenk

Karsten hat Geburtstag. Mama sagt:
„In der Küche steht ein Korb.
Darin ist dein Geschenk."
Karsten sieht nach.
In dem Korb ist ein kleiner Dackel.
Karsten ruft: „Toll, ich habe einen Dackel bekommen!"
Er flüstert dem Dackel zu: „Du sollst Kuki heißen."

(44 Wörter)

Hast du ein Haustier?
Wünschst du dir eins?
Erzähle!

Das Geburtstagsgeschenk

Karsten hat Geburtstag. Mama sagt: „In der Küche steht ein Korb. Darin ist dein Geschenk." Karsten sieht nach. In dem Korb ist ein kleiner Dackel. Karsten ruft: „Toll, ich habe einen Dackel bekommen!" Er flüstert dem Dackel zu: „Du sollst Kuki heißen."

Der Bücherwurm Uli

Uli bekommt ein lustiges Buch geschenkt.
Er liest rund um die Uhr.
Auch unter der Bettdecke
guckt er in das ulkige Buch.
Luisa meint: „Uli, du bist ein
richtiger Bücherwurm geworden."

(34 Wörter)

Welches Buch
findest du
besonders spannend?
Warum?

lustig -

Bücherwurm -

geschenkt -

Bettdecke -

Der Bücherwurm Uli

Uli bekommt ein lustiges Buch geschenkt.
Er liest rund um die Uhr. Auch unter der Bettdecke
guckt er in das ulkige Buch. Luisa meint:
„Uli, du bist ein richtiger Bücherwurm geworden."

Der Bücherwurm Uli

Von seiner Kusine Luisa bekommt
Uli ein lustiges Buch geschenkt.
Er liest darin rund um die Uhr.
Auch unter der Bettdecke
guckt er in das ulkige Buch.
Luisa meint: „Du machst
gar keinen Unfug mehr, Uli.
Du bist ein richtiger
Bücherwurm geworden."

(45 Wörter)

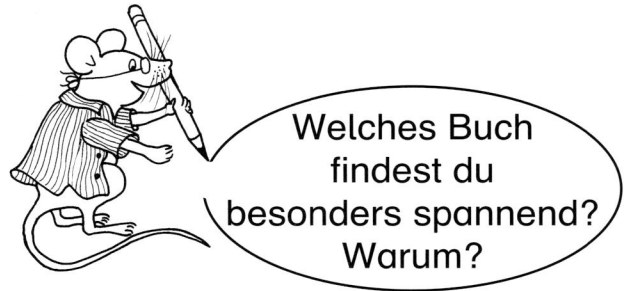

Welches Buch
findest du
besonders spannend?
Warum?

Der Bücherwurm Uli

Von seiner Kusine Luisa bekommt Uli ein lustiges Buch geschenkt. Er liest darin rund um die Uhr. Auch unter der Bettdecke guckt er in das ulkige Buch. Luisa meint: „Du machst gar keinen Unfug mehr, Uli. Du bist ein richtiger Bücherwurm geworden."

Kannst du die Geschichte richtig schreiben?

Die Lehrerin schraubt mit Kraude
aune klaune Geschichte an die Tafel.
Die Kinder schrauben die Geschichte
in ihr Schraubheft. Sie arbauten lause.
Die Lehrerin sagt:
„Ich habe flaußige Kinder!"

(35 Wörter)

Lehrerin -

Schreibheft -

arbeiten -

Denke dir auch eine **au**-Geschichte aus!

fleißig -

Eine au-Geschichte

Die Lehrerin schreibt mit Kreide eine kleine
Geschichte an die Tafel. Die Kinder schreiben die
Geschichte in ihr Schreibheft. Sie arbeiten leise.
Die Lehrerin sagt: „Ich habe fleißige Kinder!"

© Persen Verlag, Horneburg/Niederelbe 2001, Best.-Nr. 3839

Kannst du die Geschichte richtig schreiben?

Die Lehrerin schraubt mit Kraude
aune klaune Geschichte an die Tafel.
Sie liest die Geschichte vor.
Dabei zaugt sie mit dem Zaugestock.
Die Kinder schrauben die Geschichte
in ihr Schraubheft. Sie arbauten lause.
Die Lehrerin sagt:
„Ich habe flaußige Kinder!"

(46 Wörter)

Denke dir auch eine **au**-Geschichte aus!

Eine au-Geschichte

*Die Lehrerin schreibt mit Kreide eine kleine
Geschichte an die Tafel. Sie liest die Geschichte vor.
Dabei zeigt sie mit dem Zeigestock. Die Kinder
schreiben die Geschichte in ihr Schreibheft.
Sie arbeiten leise. Die Lehrerin sagt:
„Ich habe fleißige Kinder!"*

Was nun?

Der blaue Hund quakt.
Der kuschelige Fisch galoppiert.
Das winzige Nashorn kräht.
Der riesige Floh trompetet.
Die stachelige Schlange flötet.
Die starke Maus brüllt.

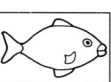 Unterstreiche so: Namenwörter (Nomen) – blau
Tuwörter (Verben) – rot
Wiewörter (Adjektive) – grün

Linda hat eine Tabelle angelegt:

Namenwörter	Tuwörter	Wiewörter
Hund	quakt	blau
Fisch	galoppiert	kuschelig
Nashorn	kräht	winzig
Floh	trompetet	riesig

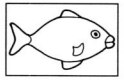 Was gefällt dir nicht?

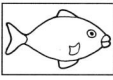 Ergänze diese Tabelle!

Namenwörter	Tuwörter	Wiewörter
Hund	quakt	blau
	galoppiert	
Nashorn		winzig
Floh		riesig
	flötet	
Maus		stark

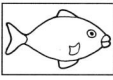 Lege dir selbstständig eine Tabelle an!

Pumuckls Wochenplaner

Montag, 7. Mai

9:00 Uhr: Meister Eder in der Werkstatt helfen

Dienstag, 8. Mai

15:00 Uhr: Kobold-Tricks üben!! abends heimlich Kuchen backen für Mittwoch

Mittwoch, 9. Mai

Geburtstag Meister Eder 6:00 Uhr: aufstehen und Geburtstagstisch decken Kobold-Tricks üben

Donnerstag, 10. Mai

16:00 Uhr: Treffen der Kobolde

Freitag, 11. Mai

18:00 Uhr: Werkstatt fegen, danach mit Meister Eder ins Wirtshaus (Bratkartoffeln essen!)

Samstag, 12. Mai

den ganzen Tag faulenzen

Sonntag, 13. Mai

10:00 Uhr: mit Meister Eder zum Gottesdienst in die Kirche (lieb sein!)

Damit Pumuckl nichts vergisst, hat er alles Wichtige in einen Wochenplaner eingetragen.
Hat er das so übersichtlich getan, dass er nichts übersieht?

Lege dir einen Wochenplaner an!
Schreibe zuerst die Wochentage und das Datum!
Trage deine Termine ein!
Wie kannst du etwas hervorheben?

Mein Wochenplaner

Maxi Schnellredner

Maxi kommt nach Hause. „Mama, Juliasmeerschweinchenhatnachwuchsbekommen! Diekleinensindsoniedlich!" Maxis Mutter sagt: „Maxi, du sprichst so schnell, dass ich dich gar nicht verstehen kann." „Weißtdu,mama,ichbinsoaufgeregt, weiljuliamireinmeerschweinchenschenkenwill. Darficheinshaben?"

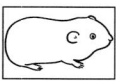 Hast du verstanden, was Maxi ihrer Mutter sagen will?
Dann schreibe den Text noch einmal richtig auf!
Aufgepasst: Namenwörter schreibt man groß!

Maxi Schnellredner

Maxi ~~kommst~~[1] nach Hause. „Mama, Julias

~~Meerschweinchen~~[2] hat Nachwuchs be-

kommen! Die Kleinen sind so niᵈlich!"

Maxis Muter sagt: „Maxi, du sprichst

so schnell, dass ich dich gar nicht ᵘfersteh-

hen kann." „Weißt du, Mama, ich bin

so aufgeregt, weil Julia mir ein Meer-

schweinchen scheⁿken will. Darf ich

eins haben ?"

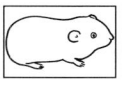 Im Text wurden Fehler nur schnell verbessert.
Berichtige sinnvoll und sauber!

[1] kommt   [2] Meerschweinchen

Eine Kuh, die saß im Schwalbennest

Eine Kuh, die saß im Schwalbennest
Mit sieben jungen Ziegen,
Sie feierten ihr Jubelfest
Und fingen an zu fliegen.
Der Esel zog Pantoffeln an,
Ist übers Haus geflogen.
Und wenn das nicht die Wahrheit ist,
So ist es doch gelogen.

(Gustav Falke)

Die Schulkinder, die vor 100 Jahren zur Schule gingen, haben das Gedicht so in ihr Heft geschrieben:

> *Eine Kuh, die saß im Schwalbennest*
>
> *Eine Kuh, die saß im Schwalbennest*
> *Mit sieben jungen Ziegen,*
> *Sie feierten ihr Jubelfest*
> *Und fingen an zu fliegen.*
> *Der Esel zog Pantoffeln an,*
> *Ist übers Haus geflogen.*
> *Und wenn das nicht die Wahrheit ist,*
> *So ist es doch gelogen.*
>
> *(Gustav Falke)*

 Man nennt diese Schrift „deutsche Schreibschrift"
(Sütterlinschrift).
Kannst du einzelne Wörter erkennen?
Wie sieht dieses Gedicht in deiner Schrift aus?
Gestalte es!

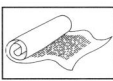 Welche Schrift kannst du gut lesen und gefällt dir (+), welche nicht (−)? Kannst du den Satz auch in unterschiedlichen Schriften schreiben?

Sprache wird durch Schrift erst schön.

Sprache wird durch Schrift erst schön.

Sprache wird durch Schrift erst schön.

Sprache wird durch Schrift erst schön.

Sprache wird durch Schrift erst schön.

Sprache wird durch Schrift erst schön.

SPRACHE WIRD DURCH SCHRIFT ERST SCHÖN.

Sprache wird durch Schrift erst schön.

Sprache wird durch Schrift erst schön.

Sprache wird durch Schrift erst schön.

Sprache wird durch Schrift erst schön.

Sprache wird durch Schrift erst schön.

Sprache wird durch Schrift erst schön.

Sprache wird durch Schrift erst schön.

Sprache wird durch Schrift erst schön.

Sprache wird durch Schrift erst schön.

Sprache wird durch Schrift erst schön.

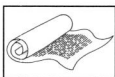 Welches Tier oder welchen Gegenstand
kannst du mit Schrift gestalten?

 Wie kannst du deinen Namen gestalten?

Katrin Wagner

Sonja

B. A.

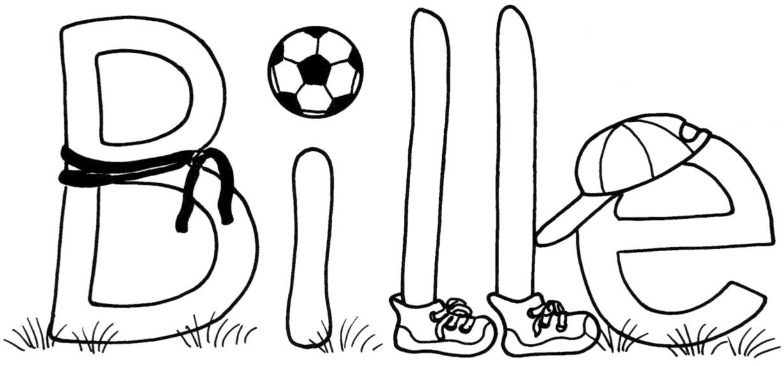

Bille

Beschrifte die Aufkleber!
Du kannst unterschiedliche Möglichkeiten erproben.
Welche gefällt dir am besten?

Sachunterricht
Jannis Steinmaier
Kl.3a

Diktate
Lara Scholz
Kl.2b

Eine Einladung schreiben

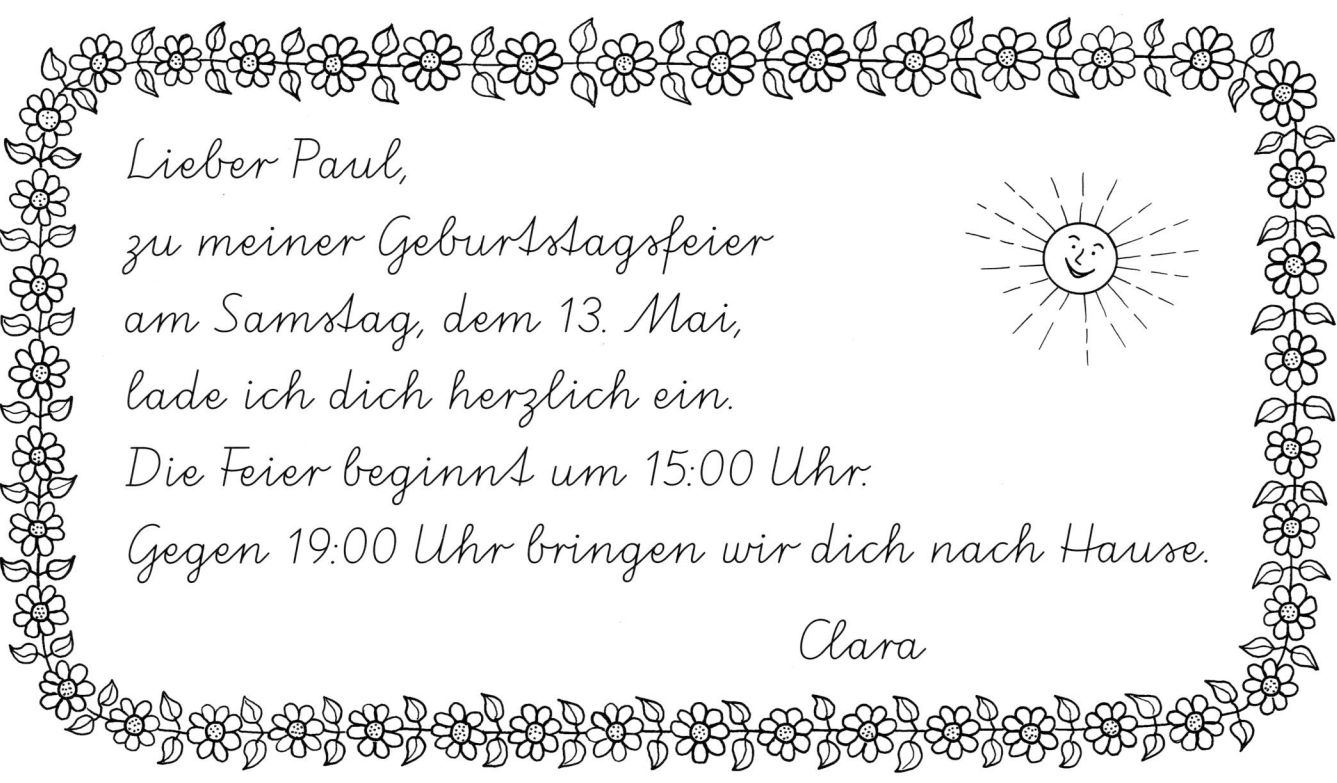

Lieber Paul,

zu meiner Geburtstagsfeier

am Samstag, dem 13. Mai,

lade ich dich herzlich ein.

Die Feier beginnt um 15:00 Uhr.

Gegen 19:00 Uhr bringen wir dich nach Hause.

Clara

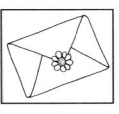 **Schreibe eine Einladung zu deinem Geburtstag und gestalte sie!**

 In welchen Linien kannst du schon gut schreiben? Probiere es! Beachte die Länge der Buchstaben! Die Buchstaben, auf die du besonders achten willst, kannst du kennzeichnen.

Der Hase mit der rosa Nase trifft die Katze mit

der weißen Tatze.

 Was gefällt dir an diesen Beispielen nicht?

Wenn mich jemand ärgert, bleibe ich cool.

 Die Schrift ist unterschiedlich schräg.

Wenn mich jemand ärgert, bleibe ich cool.

Wenn mich jemand ärgert, bleibe ich cool.

Wenn mich jemand ärgert, bleibe ich cool.

Wenn mich jemand ärgert, bleibe ich cool.

Wenn mich jemand ärgert, bleibe ich cool.

Wenn mich jemand ärgert, bleibe ich cool.

Britta Horn
Wiesenweg 9
34119 Kassel

Frau
Erna Mischke
Bahnhofstraße 13

80997 München

 Sieh dir die Anordnung des Textes auf dem Umschlag an!
Beschrifte selbst einen Umschlag!

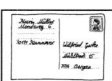 Kannst du auch eine Karte schreiben?

POSTPAKET (Deutschland) — Deutsche Post EURO EXPRESS

Absender

Peter Pott
Lindenstraße 12
22607   Hamburg
Postleitzahl   Ort

Extra Schnell

EXPRESS - Service
- vor 9:00 Uhr - vor 10:00 Uhr - vor 12:00 Uhr
X - Samstagszustellung   - Sonn/Feiertagszustellung

Extra Inkasso

Nachnahme   DM/EUR. Betrag
Bank
Konto-Nr.
X Unfrei   BLZ

Extra Sicher

X Eigenhändig   Rückschein

Extra Sonstiges

Sperrgut

Raum für Identcode- bzw. Expresslabel.
Bitte nicht beschriften!

96999999
Vorausverfügung

Empfänger

Frau
Susi Henkel
Bäckerstraße 117a
Straße und Hausnummer (Kein Postfach!)
21637   Horneburg
Postleitzahl   Ort   912 660 000   04/00

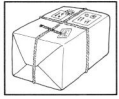

Kannst du auch eine Paketkarte ausfüllen?

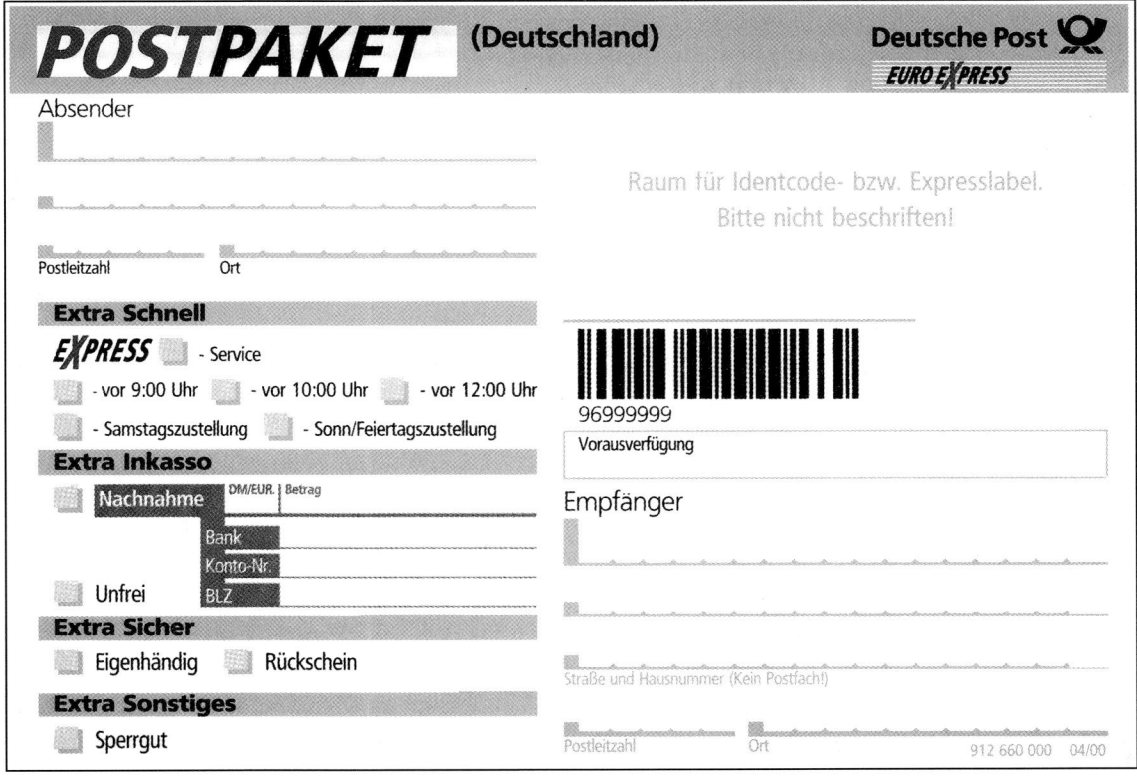

 Du bekommst eine Flaschenpost in Geheimschrift.
Gelingt es dir, die Mitteilung an dich zu entschlüsseln?

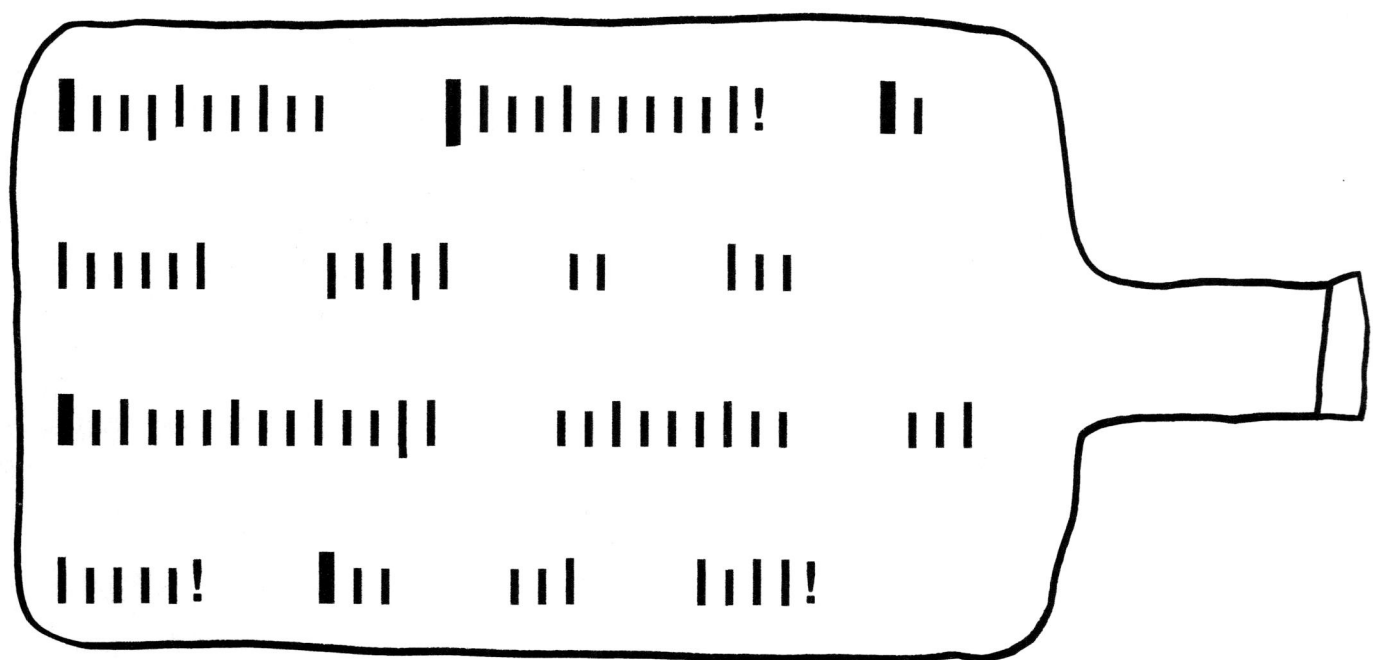

Lösungswörter:

lesen   Das   soll

der   Herzlichen   kannst

Schreibschrift   Du   jetzt

Glückwunsch   schreiben

und   ist   in

© Persen Verlag, Horneburg/Niederelbe 2001, Best.-Nr. 3839